GOLDENE ERNTE DER LIEBE

WHITE EAGLE

GOLDENE ERNTE DER LIEBE

Aquamarin Verlag

White Eagle Kontaktadressen:

White Eagle Center Deutschland:
Annemarie Libera
Schraystraße 2 · D-82110 Germering
Tel. 0 89/8 41 77 90 · Fax 0 89/8 41 77 90

White Eagle Center Schweiz:
Carol Sommer, Hannes Locher
Pestalozzistr. 7 · CH-3400 Burgdorf

Titel des englischen Originals:
GOLDEN HARVEST

Übersetzt von W. u. E. Ohr

5. Auflage 1994

Voglherd 1 · D- 85567 Grafing

Druck u. Bindung: EBNER ULM
Herstellung: P & P Lichtsatz GmbH, Grafing

ISBN 3-922936-38-5

INHALT

VORWORT

White Eagle's Worte stammen aus einer Bewußtseinsstufe, die den meisten von uns noch nicht zugänglich ist, denn wir sind erst ein sehr kleines Stück auf dem Pfad der Höherentwicklung vorangekommen.

Sein tiefes Mitgefühl und großes Verständnis für die Nöte der Menschen entspringen seiner persönlichen Erfahrung und schließlichen Überwindung des irdischen Lebens. Nur zu gut kennt er die kleinen und großen Schwierigkeiten, die uns alle, die wir mit menschlichen Problemen zu kämpfen haben, so stark zu schaffen machen.

White Eagle lebt jenseits der Grenzen unseres sterblichen Daseins und kennt das unbeschreibliche Glück eines vollkommenen Lebens. Er kennt auch die Fülle jener reichen "goldenen Ernte", die all jene erwarten dürfen, die sich unverzagt und treu auf Erden bemüht haben.

Weil er, wie alle weisen älteren Brüder, Verständnis und Liebe für die Menschheit empfindet, kommt er zurück, um uns zu sagen, wie man säen und reifen lassen soll, damit eine glückbringende Ernte entstehen kann, sowohl in diesem als auch im nächsten Leben.

Obwohl das vorliegende Büchlein einen zusammenhängenden Gedankengang aufweist, ist dennoch jedes Kapitel in sich geschlossen. Es sollte daher nicht von Anfang bis Ende durchgelesen werden, um es nachher zu vergessen. Jede Seite bietet ihren Weisheitsschatz dar und gibt Antwort auf die individuellen Probleme des Lesers.

Diejenigen, die das Buch zusammengestellt haben, hoffen, es möge dem Leser ein guter Kamerad in Leid und Freude sein, ihn führen und trösten, und die Weisheit, die es enthält, für ihn zur lebendigen Realität werden lassen. Möge die große Liebe, die wie ein Segen auf die Zuhörer ausströmte, auch in das gedruckte Wort und somit in das Herz des Lesers Eingang finden.

I

DER PFAD DES LICHTES

Wenn du in einer klaren Nacht zum Himmel emporblickst, dann staunt dein kleiner irdischer Verstand über das Wunder der ungezählten Sterne und Sternbilder. Was du siehst, ist jedoch lediglich das äußere Bild des Alls. Jeder einzelne dieser Sonnen und Planeten befindet sich in der Obhut einer großen Seele — sollen wir sagen eines ”Gottes”? — der über ihr Leben und Treiben wacht.

Meditiere einmal über die vielen Wesen, die allein in eurem eigenen Sonnensystem Werkzeuge der Liebe Gottes sind. Sie alle verkünden durch ihr Dienen dieselbe Wahrheit der Liebe und der Bruderschaft.

Versuche, dir die Schönheit eines Schmetterlingsflügels, seine Farbenpracht und seine feine Formgebung vorzustellen. Oder nimm eine kleine wilde Blume mit ihren taubenetzten Blütenblättern und Staubfäden. Dann betrachte eines dieser Kunstwerke Gottes unter dem Mikroskop, und du wirst von der wunderbaren Komposition der Zellstruktur überwältigt sein. Diese beiden Beispiele sind nur ein winzig kleiner Teil der herrlichen Schöpfung. Sowohl auf der physischen als auch auf den höheren Ebenen harren noch unendlich viele Wunder der Entdeckung durch den Menschen.

Ihr könnt, so ihr wirklich wollt, die höheren Ebenen erreichen, doch müßt ihr erst einmal lernen, eure Begierden und Emotionen unter Kontrolle zu bringen.

Erst dann könnt ihr euch über das begrenzte Bewußtsein eures physischen Lebens erheben und in die feinstofflichen Ebenen, welche die dichte physische Materie durchdringen, eintreten. Die Herrlichkeit von Gottes Plan für Seine Schöpfung entzieht sich dem begrenzten menschlichen Begriffsvermögen, doch wenn ihr euch geistig entfaltet, fallen die Begrenzungen weg, und ihr werdet fähig, die himmlischen Sphären und Gottes Plan für eure Zukunft und für die Zukunft der ganzen Menschheit zu erkennen.

Die Meisterschaft oder das Christusbewußtsein ist nicht nur einigen wenigen Auserwählten vorbehalten, denn a l l e Kinder Gottes wandern auf demselben Pfad. Du bist Gottes Kind, und in dir ist die Möglichkeit zur Meisterschaft und zum Christusbewußtsein latent vorhanden. Als Teil des großen Planes wurde dir die Macht des freien Willens gegeben, und du wurdest in jene Umweltbedingungen hineingeboren, die für die Entwicklung deiner Seele und die Entfaltung deines Geistes am besten geeignet erschienen.

Im Innersten verborgen, enthalten Samenkörner und Blumenzwiebeln die ganze Schönheit, welche die Pflanze später enthüllt. Sobald Same und Zwiebel von Erde bedeckt sind, beginnen sie zu keimen und zu wachsen. Wenn dann die Pflanze blüht, sagt ihr: „Welch ein Wunder, aus diesem winzigen Samenkorn entstand diese herrliche Blume!" Ist das nicht eine Parallele zu des Menschen wahrer Natur, seinem Wachsen aus dem Samen und seinem Erblühen in ein geistiges Leben?

Zu Anbeginn wurde der geistige Same in des Menschen Herz gelegt. Es ist der Same des Christusmenschen, der er einst werden wird. Während seiner vielen Inkarnationen wird der Mensch mannigfachen Umweltbedingungen ausgesetzt, er wird Erfahrungen sammeln, Schwierigkeiten überwinden, Prüfungen bestehen, die allesamt untrennbar zum sterblichen Leben gehören, um dann allmählich die Blüte, den Christusgeist, zu entfalten.

Könntet ihr an dieser Wahrheit festhalten, würde euch im täglichen Leben so vieles erleichtert, denn es brächte Geduld und Mut, um in dieser wundervollen Entwicklungsarbeit, die euch anvertraut ist, auszuharren.

*****

Prüfungen

Alle persönlichen und menschlichen Probleme lassen sich lösen durch das Einordnen in den Willen Gottes, durch das Wort: Dein Wille, mein Gott, geschehe. Dieses sich Einordnen ist für jene von euch, die den geistigen Pfad erst gerade betreten haben, besonders schwierig, vor allem, wenn sie meinen, sie wüßten bereits mehr als sie in Wirklichkeit verstehen oder in die Praxis umsetzen können.

Alle, die für den Meister zu arbeiten wünschen, müssen große Belastungen ertragen können und deshalb gut geprüft werden. Nehmen wir einmal an, der Meister würde euch eine wichtige Arbeit anvertrauen, welche die Wohlfahrt vieler Menschen beträfe, und nehmen wir an, ihr wäret nicht genügend geprüft worden; dann bestünde die Gefahr, daß ihr unter dem Druck der Belastung zusammenbrecht. Wir sagen euch dies, weil wir euch helfen wollen, dem Pfad des Lichtes trotz all seiner Prüfungen und Enttäuschungen zu folgen.

Es ist uns gestattet, euch den Weg zu weisen. Eines ist euch gewiß — Gottes immerwährende Liebe. Gott ist stets mit euch, auch dann, wenn es so aussieht, als würde Er Sein Antlitz verhüllen. Haltet fest an Seiner Liebe und Weisheit — und ihr werdet unweigerlich aus Nebel und Dunkelheit ins Licht gelangen. Wenn ihr geprüft werdet und mit Gottes Hilfe die Prüfung bestanden habt, dann seid ihr auf dem Lebenspfad einen Schritt vorwärtsgekommen. Man könnte jede dieser Prüfungen, die in Wirklichkeit Seelenprüfungen sind, eine "kleine Einweihung" nennen. Eine Einweihung bedeutet das Erwachen des Geistes im Menschen, gefolgt von einer stetigen Entfaltung der Christuskraft im Inneren sowie einer Bewußtseinserweiterung, welche die himmlischen Mysterien zu entschleiern beginnt.

Ihr könnt viele Bücher lesen, mancherlei Belehrungen hören, doch bevor ihr nicht eine dieser Seelenprüfungen bestanden habt, begreift ihr nur mit eurem Verstand und nicht mit eurem ganzen, innersten Wesen, und ihr habt noch nicht jenes Wissen erlangt, das von Dauer und unauslöschlich ist.

Die Prüfungen oder Einweihungen, denen ihr auf dem geistigen Weg begegnet, gliedern sich in vier Kategorien und befassen sich mit den geistigen Elementen eures Wesens. In der ersten Einweihung, jener des Wassers, wird die Seele, die alle diesbezüglichen Prüfungen bestanden hat, zum Eingeweihten des Wasserelementes. Sie hat gelernt, ihre Gefühle zu beherrschen und sie in Zukunft weise zu gebrauchen.

In der zweiten Einweihung lernt die Seele die Gedanken zu kontrollieren, zwischen dem Wirklichen und Unwirklichen, dem Falschen und dem Wahren, zwischen Schwarz und Weiß, Negativ und Positiv, dem niederen und dem höheren Verstand zu unterscheiden. Der Schüler erwirbt in dieser Luft-Einweihung das Unterscheidungsvermögen.

In der Feuer-Einweihung wird die Disziplinierung und weise Anwendung der Liebeskraft erlernt.

In der letzten Einweihung, der Erd-Einweihung, wird die niedere Natur "gekreuzigt" und überwunden, und fortan sucht der Eingeweihte nur noch Gott und dem Bruder Mensch zu dienen. Dann wird in ihm der auferstandene Christus sichtbar, die befreite Seele, die nicht länger beherrscht wird von der heftig verlangenden, emotionalen Wunschnatur des niederen Selbst oder von dem dominieren wollenden Verstandesnaturell, welches zerstört; denn wahrlich, der irdische Verstand kann zum Mörder der Wahrheit werden. Nur wenn der Mensch sich durch den Kontakt mit der göttlichen Liebe geschult und diszipliniert hat, wird sein Intellekt in göttliche Intelligenz umgewandelt. Alle wirklich großen Seelen sind sanftmütig, einfach, herzensgut, kindlich und mit gütiger Intelligenz begabt. Der auferstandene Christus wird aus dem Herzen — nicht aus dem Intellekt geboren.

Welche Schwierigkeiten und Belastungen du auch ertragen mußt, blicke zum himmlischen Licht und halte Gott die Treue. Du wirst deinen Glauben und dein Vertrauen in die Macht Gottes nie bereuen. Sie wird dich nicht nur durch deine innere Trostlosigkeit hindurchführen, sondern dir auch Verständnis für den tieferen Sinn und Zweck deiner Leiden bringen.

Wenn du begonnen hast, den geistigen Weg zu gehen, kannst du keine Kompromisse mehr schließen. Du mußt streng sein — nicht mit den anderen — sondern mit dir selbst. Eine bestimmte Haltung ist entweder richtig oder falsch. Hast du einmal den Pfad der Selbstdisziplin, Reinheit, Sanftmut und des liebenden Dienens betreten, dann folge ihm unentwegt. Wir versprechen dir keine persönliche Belohnung, doch die Freude, die aus dieser Art zu leben entsteht, ist jenseits jeglichen intellektuellen Verstehens. Wir verlangen keine Kasteiung, vielmehr die Vergeistigung der Materie und des Leibes durch die Freisetzung des Christusgeistes in dir, denn auch Materie ist göttlich und muß gereinigt, erleuchtet und vergeistigt werden.

*****

Der echte Klang

Viele, die den geistigen Weg beschreiten möchten, meinen, sie müßten sich, um ans Ziel zu gelangen, möglichst viel Wissen über okkulte und magische Geheimnisse aneignen. Sie werden aber über kurz oder lang enttäuscht sein, denn geistige Mysterien können niemals durch Worte allein vermittelt werden.

Die eigentliche Kraft, um sogenannte Wunder zu vollbringen, mußt du dir erarbeiten. Du kannst jedes Buch in den Bibliotheken der Welt lesen, viele interessante Dinge wissen und dennoch kraftlos dastehen. Der einzige Weg, die Geheimnisse des Orakels zu ergründen, ist fleißiges An-sich-arbeiten im täglichen Leben. Es nützt dir nichts zu hoffen, zu träumen und zu wünschen. Du mußt deine Ärmel aufkrempeln und im praktischen Leben deinen Mitmenschen dienen. Vielleicht bedeutet dies, einen Boden gründlich zu schrubben, vielleicht aber auch etwas viel Unangenehmeres. Es mag sein, daß du jemandem, der dir unsympathisch ist und zu dem du dich gar nicht hingezogen fühlst, dienen oder ihm brüderlich die Hand reichen mußt — vielleicht eine sehr schwierige Aufgabe. Oder es mag heißen, deine lose Zunge zu zügeln, deine Gedanken zu beherrschen, wobei dir die Welt keinen Applaus zollt, weil niemand von dem Kampf weiß, den du mit dir selber auszufechten hast.

Dies ist die Art des Dienens, die wir meinen, wenn wir sagen: krempele deine Ärmel auf und knie demütig nieder, um den Boden deines eigenen Tempels zu scheuern. Es heißt aber auch, in einer ungünstigen Situation Mut zu beweisen und scheinbare Ungerechtigkeit ohne Murren zu ertragen, in der sicheren Erkenntnis, Gott habe dich in Seiner Liebe zu einem weisen Zweck in eine solche Situation geführt.

Sei wahr und echt, das ist die Quintessenz des geistigen Lebens. Bemühe dich stets "wahr zu klingen". Der Klang deines Geistes wird auf den höheren Ebenen ertönen und die Püffe, die du im täglichen Leben erhältst, sollen dich prüfen, ob du wirklich "wahr klingen" kannst. Um echt zu klingen, mußt du mit dem Ton, der Stimme Gottes in dir, in Einklang sein.

Die Seele, die in den Erfahrungen des Lebens, seien es Rückschläge, Enttäuschungen oder Erfolge, wahr klingt, wird Zugang zu den himmlischen Ebenen finden.

*****

Bewahre stets die Ruhe, mein Bruder, meine Schwester. Befreie dein Herz von jedem Konflikt, von jeder Angst. Das wird dir gelingen, wenn du den Sinn der Liebe zu begreifen beginnst.

Es gibt eine Geschichte, in der ein Jüngling in die Wildnis ging, um seinen Meister aufzusuchen. Der Meister empfing ihn freundlich und sagte zu ihm, er müsse sich, um den Pfad zu betreten, der zur geistigen Erleuchtung und Macht führt, wie alle anderen Jünger einer Prüfung unterziehen. Der Jünger war übereifrig, sein Verstand allzu aktiv. Er wollte Macht. Er wollte auf dem geistigen Pfad rasch vorankommen. Doch es fehlte ihm das Wichtigste — die tiefe Liebe zu Gott und zu allen Menschen. Er hatte viel Verstand, doch nur wenig Herz. Deshalb führte ihn der Meister an das Ufer eines Sees und forderte ihn freundlich aber bestimmt auf, mit ihm ins Wasser zu steigen, wo er ihn untertauchte und ziemlich lange unter Wasser festhielt. Als der Schüler sich endlich wieder erheben konnte, nach Atem rang und meinte, das sei eine schreckliche Erfahrung gewesen, sagte der Meister: „Mein Sohn, wenn du dich so verzweifelt nach Gott sehnst, wie du dich nach Luft gesehnt hast, als du unter Wasser warst, dann wirst du Gott finden, und wenn du Gott gefunden hast, dann hast du alles gefunden."

Viele glauben an Gott. Sie haben große Kenntnisse auf der intellektuellen Ebene. Sie unterziehen sich mancherlei Ritualen und gehen gewundene Wege, in der Hoffnung, Gott zu finden. Aber sie gehen immer nur im Kreis herum, und ihr Herz bleibt leer. Kenntnisse in esoterischen Wahrheiten zu besitzen ist gut und recht, doch es ist etwas ganz anderes, ihrer teilhaftig zu werden, sie zu erfahren und danach zu leben. Der einzig sichere Weg zum Königreich Gottes ist der Weg des Herzens, der Weg der Liebe, indem man EINS wird mit Gott, der in der Stille des Herzens wohnt. Dein Streben nach Gott muß ein Bedürfnis, eine Sehnsucht werden. Es muß zur treibenden Kraft in dir werden, bis du bereit bist, auf alles, was du zu besitzen meinst, zu verzichten, um EINS zu sein mit Gott. Wenn du dich wirklich und wahrhaft danach sehnst, Gott zu lieben und um Seine Liebe zu wissen und alles andere unwichtig wird — dann wirst du Ihn und alle Wahrheit finden.

*****

Führe uns nicht in Versuchung

Mein Freund, du hast beschlossen, dem geistigen Pfad zu folgen und oftmals hast du gebetet: „Oh Gott, verlasse mich nicht, laß mich nicht fallen, führe mich nicht in Versuchung. Gib mir Kaft, damit ich nicht strauchle, wenn der Verführer spricht." Trotzdem wirst du versagen, immer wieder versagen. Der Verführer triumphiert über dich mit seinen Verführungskünsten, und du irrst ab vom Christuspfad, dem Pfad der Liebe.

Warum muß die Seele durch so viele Versuchungen hindurch? Die Antwort ist einfach. Ohne die Versuchungen, die das Leben bringt, könnte der Christusgeist in dir sich weder entfalten noch erstarken. Du würdest nie die Klarheit erhalten, die dir sagt, wohin du gehst. Du würdest weiterhin so leben wie es viele tun:

in einem nebelhaften Zustand von Unentschlossenheit, Gleichgültigkeit und Verwirrung.

Täglich, stündlich, ja beinahe zu jeder Minute bist du Versuchungen ausgesetzt, die dich vom geistigen Pfad ablenken möchten. Du benötigst dauernd geistige Kräfte, um ihnen zu widerstehen, bis der Christusgeist in dir erstarkt ist. Vergiß nicht, deine täglichen Prüfungen sind durch dein Karma bestimmt, denn was ein Mensch gesät hat, das wird er auch ernten. Das ist sowohl ein göttliches wie auch ein Naturgesetz. Wenn man die Samenkörner in die Erde legt und sie pflegt, so werden sie keimen. Je nachdem wie du die Samen deiner Gedanken, Worte und Taten säst, wird deine Ernte ausfallen.

Dein Karma bringt aber nicht nur unangenehme Erfahrungen. Im Gegenteil, jedesmal wenn du positiv, liebevoll, freundlich denkst und den Mitmenschen hilfst, säst du gutes Karma, das du unweigerlich ernten wirst, nicht unbedingt in einem zukünftigen, sondern ebensogut in deinem jetzigen Leben.

Wenn du lernst, dir der Gegenwart Christi in deinem Inneren bewußt zu werden, bringt dir das nicht nur angenehme geistige Erfahrungen, es verhilft dir auch zu einem gesunden Seelenkörper, und als Resultat davon zu einem gesunden physischen Leib für viele zukünftige Inkarnationen. Du kannst deine Körper, die du in späteren Leben auf der Erde oder in den höheren Sphären bewohnen wirst, ständig verfeinern, den physischen, den ätherischen, den emotionalen, den mentalen und den himmlischen.

Denn auf vielen Daseinsebenen sind die Kinder Gottes zuhause. Du kannst die Schönheit der Erde nicht sehen, wenn du blind bist, und dich des Duftes einer Blume nicht erfreuen, wenn du keinen Geruchssinn hast. Du kannst die Sphärenmusik nicht hören, wenn du taub bist. Deshalb mußt du die geistigen Sinne entwickeln, jene feinstofflichen Organe, mit denen du, eine göttliche Seele, die Wunder all jener Sphären erleben kannst, die als dein geistiges Erbe warten.

Mein Bruder, meine Schwester, du bist gefangen in deinem "Haus" aus Lehm und kannst das Wunderbare, das deiner wartet, nicht fassen, ehe du nicht gelernt hast, durch richtiges Leben, richtiges Denken und richtiges Handeln den geistigen Gesetzen zu gehorchen.

Was wollen wir damit sagen? Nichts anderes als das: Du sollst nicht versuchen dich herauszureden mit "ich bin ja nur ein Mensch, was kann ich denn anderes tun? Was kann ich dafür, wenn ich Fehler mache?" Nein, gegen Fehler bist du nicht gefeit. Aber du kannst dich wahrhaft bemühen und ernsthaft beten, damit du nicht erneut versagst, wenn eine Versuchung an dich herankommt. Wenn du im Herzen rein bleibst und dir die einfache Liebe und den einfachen Glauben eines Kindes bewahrst, wenn du dich an Christus, den Sohn Gottes, hältst, und wenn du betest "Herr, sei mit mir, so wie ich immer bei Dir sein möchte", dann wirst du nicht versagen.

Dein Wille, das Richtige zu tun, muß stark und beständig sein. Du mußt den Willen haben, den *Willen Gottes zu wollen.* Du mußt um Kraft bitten, damit du fähig wirst, wie ein Kind Gottes zu leben.

*****

Vergebung und Dankbarkeit

Zwei Eigenschaften muß der Mensch besitzen, wenn er in den Tempel jenes Sternes gelangen möchte, der auch die Weisen zum Christuskind führt: Vergebung und Dankbarkeit. Zwei Schlüssel, mit denen die Tore zu den Mysterien des Himmels geöffnet werden können. Diese Tore bleiben euch verschlossen, solange ihr solche einfachen, menschlichen Eigenschaften nicht erworben habt.

Jesus sagte: „Vergib uns unsere Schuld, wie auch wir vergeben unseren Schuldnern." Vergebung ist eine der härtesten Lektionen, welche die Menschen zu lernen haben. Doch wenn ein Mensch vergibt, wird auch ihm vergeben werden. Dies ist das Gesetz der Vergebung. Es ist verhältnismäßig leicht, schwerwiegende Dinge zu vergeben, diese meinen wir gar nicht. Wir meinen die kleinen Dinge im Leben. Wie schnell wird ein Urteil gefällt, wie rasch ist man ungeduldig mit menschlichen Schwächen. Wir alle sind Menschen, versagen manchmal und brauchen dann Vergebung. In der geistigen Welt wird viel vergeben. Wollt auch ihr versuchen, jenen zu vergeben, die irren und Fehler machen, größtenteils weil sie es nicht besser verstehen? Vergebt ihnen aber auch dann, wenn sie eurer Meinung nach recht gut verstehen. Von Herzen kommende Vergebung bringt Sonnenschein und inneren Frieden in euer Leben. Vergebt also nicht nur die großen Schulden, sondern auch kleine, menschliche Fehltritte und Schwächen. Auch wenn voreilige negative Gefühle euch zu überwältigen drohen, versucht zu vergeben. Dann wird auch euch verziehen und Gott wird euch segnen.

Die andere Eigenschaft ist Dankbarkeit. Vergiß nie, Gott dankbar zu sein. Das ist das Geheimnis eines vollkommenen Lebens, denn im Augenblick des Dankens bist du im Einklang mit Gott.

Danke Gott für alle Segnungen in deinem Leben, wie auch für jede Gelegenheit, die sich dir in dieser Inkarnation bietet, den Christus in dir zu entfalten. Laß die Tage nicht ziellos vorübergleiten, sondern versuche, bei allem, was an dich herankommt, den dahinterliegenden Sinn zu erkennen. Das Leben ist nicht etwas, durch das man sich hindurchwursteln soll, es wurde dir gegeben, um dich daran zu erfreuen und um Erfahrungen zu sammeln. Diese Erfahrungen sind nicht als Zurechtweisung oder als Strafe gedacht, sondern als Gelegenheiten, die dir geboten werden, die Weisheit göttlicher Gesetze und die Kraft des von Gott ausgehenden Lichtes zu verstehen. Nimm mit beiden Händen das, was in der Welt als bitter empfunden wird, denn in der Bitterkeit wirst du den Nektar finden.

Es kommt auf die Art und Weise an, wie du deine Erfahrungen annimmst, wie du ihnen erlaubst, die Christusliebe in deinem Herzen zu wecken.

Welche Prüfung auch immer vor dir liegen mag, erinnere dich an die Gegenwart Christi. Christus wird dich niemals im Stich lassen, sondern dir Mut und Frieden bringen. Du darfst für Seine Liebe zutiefst dankbar sein, sagte Er doch: „Siehe, Ich bin bei euch alle Tage."

*****

II

DIE WEISSE BRUDERSCHAFT

Meister der Weisheit gibt es sowohl in dieser als auch in den jenseitigen Welten. Alle diese Meister bilden zusammen mit anderen höheren Wesen eine große Bruderschaft. Man nennt sie "Die große weiße Bruderschaft". Sie ist auf allen Ebenen tätig, um zu dienen. Könnten wir euch zu ihrer Gedanken- oder Bewußtseinsebene emporheben, wäret ihr euch sogleich ihrer Gegenwart und Macht bewußt. Die Brüder meditieren in der Stille und beobachten alles, was sich im Himmel und auf Erden zuträgt. Sie sind EINS mit Gott, dem universellen Geist (universal mind).

Im Verlaufe seiner Seelenentfaltung entledigt sich der Mensch nach und nach all der verdunkelnden Schleier, die ihn für die vielen geistigen Kräfte blind machen.

Alles, was auf Erden gut, schön und wahr ist, wurde unter göttlicher Führung durch diese Bruderschaft geplant, inspiriert und verwirklicht. Ihr Symbol ist der Christusstern. Versucht euer Bewußtsein zu erweitern und vergegenwärtigt euch die weltumspannende Liebe der Großen Weißen Bruderschaft und deren weltweiten Dienst an der Menschheit. Der Leib, den ihr bewohnt, ist wie ein kleiner, geschlossener Behälter, doch ihr könnt euch frei machen und mit dieser uralten und unendlich großen Bruderschaft in Kontakt kommen.

Wenn ihr durch materielle Dinge verunsichert seid, versucht ruhig und gelassen zu sein. Denkt an die Brüder in der Stille, deren Macht gerade in dieser Ruhe und Stille liegt. Wenn ihr in diese Stille eintauchen könnt, dann fließt Kraft in euch ein und verscheucht alle Ängste.

*****

Die Liebe, die euch leitet

Die älteren Brüder versuchen vor allem, ihren irdischen Geschwistern zu helfen, sich in den Willen Gottes mehr und mehr einzuordnen. Es ist aber nicht die Aufgabe der Bruderschaft, euch den Pfad allzu leicht zu machen oder euch vom Erlernen der Lektionen abzuhalten, deren Meisterung euch die Erweiterung des geistigen Bewußtseins bringt. Seid guten Mutes und bereit, eure Bürden und Sorgen der geistigen Liebe anzuvertrauen, die über euch wacht, euch führt und die Kinder des Lichtes leitet.

Wir können dir Hilfe bringen, wenn du selbstlos darum bittest. Wenn dein Herz mit dem Wunsch, der Menschheit zu dienen, erfüllt ist, fließt dir die Hilfe ungehindert zu. Durch deine Liebe setzt du bestimmte hilfreiche Kräfte in Bewegung, sie rufen die Lichtenergien herbei, die dir entgegenfluten, so wie die Blutkörperchen herbeieilen, wenn sie "gerufen" werden, um eine Wunde zu heilen. Alle Kräfte des Lichtes kommen dir zu Hilfe, wenn du einmal gelernt hast, sie auf die richtige Art herbeizurufen. Das ist vollkommen logisch und wissenschaftlich und kann auf allen Ebenen geschehen. Doch muß der Schüler zuvor auf allen Ebenen des Lebens Selbstdisziplin erlernt haben, ehe er die Macht erhält, in geistigen Sphären zu gebieten.

Meisterschaft über sich selbst gewinnt er aber nur, wenn er sich der Gegenwart Gottes ständig bewußt bleibt.

*****

Ein Zentrum der Liebe sein

Die Mißverständnisse und Konflikte, die zwischen Menschen und Nationen vorkommen, erschüttern des Menschen Seelenfrieden und sein Vertrauen in die Zukunft. Wir jedoch besitzen mehr Weitblick als ihr, und wir sehen in der Menschheit ein wunderbares inneres Wachstum. Strahlen von Licht und Liebe werden von der weißen Bruderschaft, der Bruderschaft des Sternes, auf eure Erde gesandt. Ihr sprecht von Liebe, doch wißt ihr kaum um die Macht und das Wunder der Liebe auf höheren Ebenen. Liebe, Licht, Zärtlichkeit und Verstehen werden unablässig auf die Erde ausgestrahlt, um den Menschen zu helfen, sich von der Dunkelheit zum Licht zu erheben.

Die Botschaft der Bruderschaft betont immer wieder mit Nachdruck die Notwendigkeit, als Mensch für alle Geschöpfe ein Zentrum von Liebe und Wohlwollen zu werden. Ein Ding der Unmöglichkeit? Nein — doch erfordert es dauernde Wachsamkeit und Selbstdisziplin.

Es gibt so viele Entwicklungsstufen, und ihr könnt die Stufe, auf der ein bestimmter Mensch steht, nicht ermessen. Eure Aufgabe ist es, selber zu einem Zentrum der Liebe zu werden. Die Erkenntnis, im Vergleich mit den Erleuchteten noch viel Lebenserfahrung, Training und Entwicklung zu benötigen, macht euch sehr demütig. Nicht anders aber ergeht es jenen, wenn sie ihrerseits mit noch höheren Wesen Vergleiche anstellen.

Bewahre dir ein liebendes, mitfühlendes Herz und laß deine Gedanken konstruktiv, gut und freundlich sein. Du kannst Gott und der Menschheit keinen größeren Dienst erweisen.

*****

Die älteren Brüder sind nah

Die älteren Brüder, manchmal auch die stille Bruderschaft genannt, stehen dir geistig sehr nahe. Sie kennen die Probleme und Freuden deines Lebens und wissen, was deine Seele braucht. Du magst vielleicht unter Einsamkeit leiden, und doch bist du nie wirklich allein. Deine geistigen Freunde sind mit dir alle Zeit. Du bist nur einsam, wenn du dich selber im irdischen Leben und in deinem Bewußtsein isolierst. Dein Geist kann sich über diese Begrenzung erheben und sich mit den Freunden in der geistigen Welt verbinden. Das aber bedingt unaufhörliches Bemühen, ein Erwachen jener inneren Erkenntnis, die ihr Glauben nennt. G l a u b t an Gottes Liebe!

Beim Tod eines geliebten Menschen entsteht wohl eine physische Trennung, doch eine geistige Trennung gibt es nicht. Der Geist ist das eigentliche Selbst. Wenn du deinen Gefährten wahrhaft liebst, dann ist er/sie bei dir, näher als der eigene Atem, denn ihr beide seid ein Teil Gottes.

Achte nicht auf das Geschwätz der Menschen, sondern gehe oft in die Stille, wo du die Stimme der Erleuchteten hören und ihre Freundschaft spüren kannst. Auf diese Weise wirst du zum Kanal für jene Kräfte, die deinen Mitmenschen Heilung an Leib und Seele bringen.

Sei auf deinem Weg weder ängstlich noch mutlos. Lebe in der Christus-Strahlkraft, und diese Kraft wird dich aufrechterhalten. Du wirst in allem, was du unternimmst, geführt werden. Nimm an — und folge dem Christusweg.

*****

III

SEID STILL

Um zwischen Eigenwillen und göttlicher Intuition unterscheiden zu können, ist es erforderlich, zuerst das niedere Selbst mit seinen stürmischen Gefühlen und Wünschen beherrschen zu lernen, denn Unbeherrschtheit behindert die Entwicklung der Intuition. Eine turbulente Wasserfläche verzerrt das Spiegelbild bis zur Unkenntlichkeit. Ist die Oberfläche des Wassers jedoch ruhig, klar und rein, dann ist das Spiegelbild vollkommen. So ist es auch mit der Seele, die, wenn sie still und friedlich ist, die geistige Welt wahrheitsgetreu widerspiegeln kann. So entsteht intuitives inneres Wissen.

Geistige Boten oder Engel werden euch von Gott gesandt, um euch zu helfen. Sie sprechen zu euch durch eure Intuition. Weist sie nicht ab — sei es durch die Arroganz des Verstandes oder aus irgendeinem anderen Grund.

Seid gelassen! Seid still! Tut eines nach dem anderen, ruhig und in freundlicher Stimmung. Auf diese Weise ebnet ihr den Weg für vermehrtes Einfließen geistiger Kräfte. Wie der Meister seine Jünger auf dem sturmbewegten See beruhigte und tröstete, so wird er auch euch trösten. Sinn und Zweck der "Wasser-Einweihung" ist die Beherrschung der Gefühlswelt. Die älteren Brüder können nicht mit euch arbeiten, wenn sich euer Gemüt wie ein turbulentes Gewässer gebärdet. Mangelnde Kontrolle über eure Emotionen hindert euch daran, dem Meister zu dienen. Gedankliche und seelische Gelassenheit und innerer Friede — das Resultat beherrschter und weise gelenkter Gefühle — sind unerläßlich für den geistigen Fortschritt.

*****

An wen sich wenden?

In deinem Leben gibt es Augenblicke, in denen du dich unfähig fühlst, mit einer bestimmten Situation fertig zu werden, Augenblicke, in denen du nicht weißt, was du tun sollst und daher keinen Entschluß fassen kannst. Es gibt Menschen, die in solchen Situationen ein Medium konsultieren. Sie sind der Ansicht, nur ein Geistwesen könne helfen. Sie wollen nicht einsehen, wieviel besser es wäre, sich direkt an Gott, den großen Geist, zu wenden, anstatt an irgendein Geistwesen.

Christus sagte: „Siehe, ich bin bei euch alle Tage." — Nicht nur zu gewissen Zeiten oder während eines Gottesdienstes — sondern i m m e r . Ihr seid doch Töchter und Söhne des lebendigen Gottes und tragt in eurem Herzen etwas von der Natur und dem Wesen Gottes.

Alles, was eure Seele sucht, kann in eurem eigenen Wesen gefunden werden. Um es zu finden, lernt ruhig und still zu werden und eure Bürden auf Gottes Schultern zu legen. In anderen Worten: laßt los, legt eure Probleme nieder. Versucht nicht, den Knoten zu lösen, der ja doch fester und fester wird, je mehr ihr daran zerrt. Laßt los! Konzentriert euch ganz auf die liebende, sanfte Persönlichkeit Jesu Christi, und alle Knoten werden entwirrt — alle Probleme gelöst.

Nehmt nun eure Vorstellungskraft zuhilfe und schaut die menschliche Gestalt des Meisters. Seht, wie er zu euch kommt, in seiner ganzen Schönheit und Einfachheit, die Hände ausgestreckt, um euch zu grüßen. Fühlt seine reine, strahlende Liebe. Er kommt, meine Freunde, um euch über den Tumult des materiellen Lebens emporzuheben — in den Frieden des Geistes. Er kommt, um euch behilflich zu sein, eine wahrheitsgetreuere, klarere Sicht des Lebens zu gewinnen und um zu lehren, das Falsche vom Wahren zu unterscheiden. Er kommt, um euch von den Lasten zu befreien, die oftmals allzu schwer für euch sind, um sie alleine zu tragen.

Überlaßt euch seinem wundersamen Einfluß; dann werdet ihr getröstet, geheilt, gesegnet, überreizte Nerven werden beruhigt, und eine große Freude wird euer Herz erfüllen.

*****

Das Heiligtum im Herzen

Das Sichtbar-werden-lassen des erwachenden Christus im Menschen ist Sinn und Zweck des Lebens auf dem Planeten Erde, damit letztendlich das göttliche Licht auch in der Materie sichtbar werde.

Der Mensch muß lernen, ehrfürchtig den heiligen Raum des Herzens zu betreten, um dort den Christusfunken, das Kind Gottes, zu finden und das innerste Geheimnis seines wahren Selbst kennenzulernen. Wir bitten euch, den materiellen Dingen nicht allzuviel

Gewicht beizumessen, sondern in erster Linie das Geheimnis der schöpferischen Kraft, die tief im Innersten und hinter jeder physischen Form verborgen ist, zu ergründen.

Bemüht euch, das wahre Ich — euch selbst — hinter dem äußeren Kleid des Fleisches, hinter dem Intellekt (mind), die beide das wahre Ich verdunkeln, zu finden. Vergeßt nicht, der Mensch ist ein dreifaches Wesen: die Persönlichkeit, die ihr im täglichen Leben seid, sodann die Seele, die nur euch, wie ihr meint, ganz allein bekannt ist, und drittens, der Ort der Stille und der Ruhe im Mittelpunkt eures Wesens, *das wahre Ich.*

In dem Maße, wie ihr lernt, euch in euer innerstes, wahres Selbst zurückzuziehen, wird das äußere Selbst an Bedeutung verlieren, sich sozusagen auflösen, und das innere Selbst wird sich entfalten. Dieses innere Selbst ist eine Persönlichkeit, eine Seele, und noch etwas dazu. Wer sich in der Kontemplation übt, wird erfahren, daß im innersten Wesen ein Ort der Stille ist, ein Ort der Leere, des Nichts, wenn man es so nennen will. Dann, wenn man vor dem scheinbaren Nichts steht, das sich jenseits des Ich-Bewußtseins befindet, wird man sich allmählich einer Ganzheit bewußt, einer Verbindung mit dem universellen Leben und eines Eins-Seins mit Gott. In diesem Zustand gibt es keine Trennung, keine Finsternis und keine Furcht. Nichts anderes existiert mehr als Liebe und eine wundersame Freude, die das ganze Wesen durchdringt.

*****

Warum sich fürchten?

Wenn wir durch die Nebel der Astralebene und durch die noch dichteren Nebel der Erdsphäre zu euch kommen, fühlen und sehen wir, wieviel Leid durch Angst verursacht wird. Tatsächlich ist Angst die Ursache der meisten Leiden. Wir erkennen, wie sehr das menschliche Gemüt durch Furcht beherrscht wird. Furcht vor der Zukunft, Furcht vor dem Unbekannten. Doch sicherlich wißt ihr, daß die Schwierigkeiten und Verwirrungen, in denen ihr euch befindet, nicht ewig dauern können. Sie sind vergängliche Phasen, die als Aufgaben an euch herankommen, damit ihr etwas Wertvolles lernt. Ihr seid doch hier um zu lernen, wie man Weisheit erlangt und um Erfahrungen zu sammeln, die für euer Wohlergehen wichtig sind. Es sind hauptsächlich die Erfahrungen des Zusammenlebens mit den Mitmenschen, die euch Weisheit vermitteln.

Weisheit kommt aber auch direkt aus geistigen Sphären, als Resultat eurer Bemühungen, zu höheren Ebenen geistigen Verstehens zu streben. Mit der Zeit lernt ihr, wie bittere und schmerzliche Erfahrungen noch schlimmer werden, wenn man sich gegen sie auflehnt. Die Alternative wäre, sich ganz auf die Liebe Gottes zu verlassen. Alle Verwirrung, alle Angst wird schwinden, sobald man sich an das göttliche Herz wendet, indem man gläubig und vertrauensvoll und vor allem demütig betet.

Wie auf Jesu Geheiß der Sturm sich legte und die Wellen verebbten, so werden alle aufgewühlten Gefühle sich legen, sobald der Meister von deinem Herzen Besitz ergriffen hat.

So nimm denn in Liebe alles an, was dir geschieht.

Achte auf die Lektion, die aus jeder Erfahrung, sei sie gut oder schlecht, gelernt werden soll. Schau täglich, ja stündlich auf zu Gott, und lasse dich von göttlichem Licht und göttlicher Liebe erfüllen. Wie ein goldener Strahl strömt die Liebe in dein Herz- und Kopf-Zentrum, reinigend, heilend, erhebend, harmonisierend, und gibt dir Halt in all deinen Schwächen.

*****

Der Ort des Schweigens

Aus dem Zentrum allen Lebens, dem Ort der tiefen Stille und des Schweigens, wo nur Liebe ist, bringen wir dir Frieden. Wenn du dich vom sklavischen Trott des täglichen Einerlei befreist, um die Quelle allen Lebens zu suchen, dann findest du einen Frieden, den nichts erschüttern kann. Mit Hilfe des göttlichen Willens in dir wende dich von Äußerlichkeiten ab und suche den Frieden und die Wahrheit im Zentrum allen Lebens. Dieser innere Frieden ist die Quelle deiner Kraft, auch wenn in der äußeren Welt die Stürme toben. Von jenem Zentrum erhältst du die Nahrung und Führung, die du allzeit benötigst.

Der Friede ist eine dynamische Kraft. Der Kraft des Friedens entspringt richtiges Handeln. Wenn der Mensch hastig denkt und handelt, entsteht daraus meistens Konflikt und Chaos. Darum strebe in deinem täglichen Leben nach innerer Ruhe. Dann handelst du richtig. Hast du richtig gehandelt, dann warte geduldig, was der Wille Gottes daraus macht.

Lerne still zu werden, und wenn du im Zweifel bist,

dann tue nichts. Sei beständig und verharre im Bewußtsein göttlicher Liebe und Weisheit .....

Wende dich an die Quelle allen Lebens, mein Freund, und gestatte der in dir ruhenden göttlichen Kraft sich zu erheben und dich zu führen. Diese Kraft kommt in ihrer ganzen Fülle, wenn du den tiefen Frieden, die Wahrheit, welche Gott ist, spürst ..... Du fühlst nun, wie deine Bürden von dir abfallen. Es gibt keine Bürden, mein Freund, bis auf jene, die du dir selber auferlegst — und dies gilt für euch alle.

Gottes Friede sei mit dir. Sei immer bereit, Seinen Willen anzunehmen und den Weg einzuschlagen, der sich vor dir auftut, wissend, daß es keinen anderen gibt. Folge demütig diesem Pfad, und habe Vertrauen in den Allmächtigen.

*****

Die ewige Gegenwart

Die Gegenwart Christi sollte dir zur realen Wirklichkeit werden. Keine menschliche Seele braucht jemals ohne Seine Freundschaft zu leben, denn Christus schließt keinen aus und wendet sich von keinem von uns ab. Doch ehe du dir Seiner Gegenwart bewußt werden kannst, mußt du weltliche Gedanken und Wünsche beiseite legen.

Jene von euch, die durch ihre Pflichten und Aufgaben in eine Umgebung harter Weltlichkeit gestellt sind, haben es natürlich schwerer, mit dem ewigen Geist von Frieden und Liebe im Einklang zu bleiben. Trotzdem, mein Freund, solltest du versuchen, in deinem Herzen den Gedanken an die Gegenwart Christi immer festzuhalten. Christus, als Er sich durch Jesus von Nazareth kundtat, strahlte, inmitten weltlichen Tumultes, Frieden und Ruhe aus. So sollt auch ihr, Seine Jünger, versuchen, diese Ruhe und Gelassenheit inmitten des Gedränges der Menge zu finden. In der Zurückgezogenheit ist es leichter, Ihm nahe zu sein, doch der geprüfte, glückliche Mensch ist derjenige, der sich auch im Gewühl der Massen seines Meisters bewußt bleibt. Versuche daher, selbst inmitten der größten Unruhe, mit deinem Meister in wahrem und echtem Kontakt zu bleiben. Nichts als deine eigenen Gedanken und Gefühle können dich von Ihm und dem Zentrum des Lichtes fernhalten.

Eine weitere wertvolle Lektion, die du als Schüler des Meisters zu lernen hast, ist Geduld. Geduld, wenn du dich mit materiellen Schwierigkeiten auseinandersetzen mußt, Geduld, um zu wissen: alles liegt in Gottes Hand, alles wird sich zum Guten wenden. Trage geduldig deine Schwierigkeiten und Probleme, denn du weißt ja, Gott — ganz Liebe und Weisheit — hält dich und die ganze Menschheit in der Geborgenheit Seines Herzens.

Wenn du glücklich sein und allen jenen, denen du begegnest, Glück bringen möchtest, dann suche die stillen Orte des Geistes und lerne, zwischen dem Unwirklichen der Welt und dem Wahren und Wirklichen des Geistes zu unterscheiden.

*****

IV

ANNEHMEN

Der Mensch geht mit seinen Gedanken unvorsichtig und unbedacht um, in der Meinung, er könne sie vor seinen Mitmenschen verbergen. Im Reiche des Geistes jedoch ist das Verheimlichen der Gedanken unmöglich. Alles liegt offen da, auch die Gedanken. Wäre es doch auch auf Erden so! Wenn die Gedanken von anderen gesehen und gehört werden könnten, so wie man eine Gestalt sehen und eine Stimme hören kann, die Menschen würden rasch lernen, ihre Gedanken zu beherrschen.

Der Meister schaut in das Herz seines Schülers, denn er weiß, was er im Herzen des Schülers sieht, wird dieser in seinen Gedanken zum Ausdruck bringen, und was in Gedanken vorliegt, wird auf der physischen Ebene Gestalt annehmen. So achte gut auf deine Gedanken und halte sie rein in Gottes Liebe. Suche stets nach der richtigen Interpretation von allem was du siehst und hörst. Versuche nach geistigen Werten zu leben und bleibe nicht an falschen Vorstellungen und Begriffen hängen, die dich nur verwirren und zurückhalten. Wenn du das Richtige erkennst, halte dich an das Richtige und tue das Richtige, unbeeinflußt durch materielle Bedingungen und Konsequenzen.

Das geistige Gesetz führt dich nie in die Irre. Folge ihm getreulich und du kannst nicht fehl gehen. Du mußt aber den Mut haben, an einmal als richtig anerkannten Entscheidungen festzuhalten.

Schaue auf zu VATER/MUTTER-GOTT ..... Nimm Ihre goldenen Strahlen in dein Wesen auf ..... Ihre Kraft wird dir zuteil.

*****

Dein Wille geschehe

Erwarte nicht in erster Linie materielle Resultate deines Strebens, sondern halte Ausschau nach dem Erwachen des innewohnenden reinen Geistes. Lerne zwischen dem Wirklichen und dem Unwirklichen zu unterscheiden. Hinter die Dinge zu schauen und in allem Geschehen das Wirken Christi zu erkennen, sollte dir zur spontanen, natürlichen Gewohnheit werden. Die Lebensweise, wie Christus sie uns vorlebte, ist die einzige Wirklichkeit.

Du kannst weder mit Worten noch in Gedanken Forderungen an Gott stellen, doch du kannst mit Sicherheit Gottes Hilfe und Seinen Segen erlangen, wenn du nach Seinen geistigen Gesetzen lebst, so wie diese sich dir, eines nach dem andern, enthüllen. Sobald der Jünger beginnt, das wahre innere Leben eines Gottessohnes zu leben, geht von ihm ein Klang aus, der durch das ganze geistige Universum wie ein Echo, ein Mantram oder ein Machtwort tönt. Sodann werden alle guten Dinge, die der VATER ihm zukommen lassen möchte, wie von selbst in sein Leben einfließen, ohne Forderungen an Gott stellen zu müssen.

Bist du enttäuscht, wenn das, was du dir gewünscht hast, nicht eingetroffen ist, dann sagen wir dir in aller Aufrichtigkeit und Liebe, dies sei so, weil du Gottes

Voraussetzungen noch immer nicht erfüllt hast. Sei mutig und fahre fort aus dem Herzen zu handeln, wie es Christus dich lehrte, bis diese Haltung dir so selbstverständlich geworden ist wie das Atmen. Dann wirst du den Segen, der auf allen Ebenen des Lebens für dich bereit ist, nicht mehr blockieren!

Wenn du versucht bist, an Gott oder die geistigen Mächte Forderungen zu stellen, könntest du Ursache haben, dies zu bedauern, denn solche Forderungen, sollten sie gewährt werden, können dir unter Umständen Enttäuschung und Leid bringen.

Der einzige und wahre Weg ist, sich dem Willen Gottes zu unterziehen und zu sagen: „Dein Wille geschehe auf Erden – in diesem irdischen Tempel, der ich selber bin – wie er im Himmel geschieht, in jenen Sphären vollkommener Harmonie, Liebe und Freude, wo alle Deine Segnungen ungehindert zu Deinen Kindern fließen."

Lerne, sowohl beim Beten wie auch sonst, zu prüfen und zu unterscheiden. Der Segen der All-Liebe sei mit dir!

*****

Warte auf Gott

Du bist oft recht ungestüm, wenn in dir die Liebe und der Wunsch, allen Menschen zu helfen, erwacht ist, und möchtest auf dem Pfad voranstürmen. Gott aber läßt sich weder drängen, noch kannst du an ihm vorbeihasten. Wenn du versuchst, allzu rasch vorwärtszukommen, rennst du gegen eine scharfe Klinge, die dich, vielleicht recht unsanft, aufhalten wird. Deshalb sei geduldig und lerne auf Gott zu warten. Eure

Bibel spricht von einer "richtigen Zeit", die Gott bestimmt. Für alle Dinge gibt es eine "richtige Zeit". Das ist geistiges Gesetz.

Gottes Wege sind langsam aber zuverlässig. Es gibt eine Zeit zum Handeln und eine Zeit zum Rasten und Ruhen. Wenn du gezwungen bist, während einer solchen Ruhezeit inaktiv zu sein, dann bleibe geduldig, treu und vertrauensvoll. Du wirst zur gegebenen Zeit eine größere Belohnung erhalten als du dir möglicherweise vorstellen kannst — eine Belohnung, die dir große Freude bereiten wird. Es ist weniger eine Freude zufolge äußerer Umstände, als Freude und Glück zufolge einer Wandlung, die sich in deinem innersten Wesen vollzogen hat, eine Freude, die vom weltlich ausgerichteten Menschen nicht verstanden wird, ein Friede jenseits irdischen Verstehens.

*****

Die Quelle aller Kraft

Höre auf, in engen irdischen Begriffen zu denken. Gestatte deinen Gedanken nicht, dein Leben einzuschränken und die Lebensenergie, die dauernd in dich einströmen möchte, zu blockieren. Durch negatives Denken hemmst du diese Kraft. Andererseits kannst du das Einfließen der Energie in dich und in dein Leben verstärken, indem du deine Gedanken auf den Stern, auf Christus, ausrichtest.

In eurer Welt herrscht große Aktivität. Euer Leben auf dem Erdenplan überbordet von Betriebsamkeit. Doch ihr müßt lernen, euch des i n n e r e n Lebens bewußt zu werden, der geistigen Ebene, die tief in euch verborgen liegt. Ihr seid dauernd schöpferisch tätig. In jedem Augenblick eures Lebens erschafft ihr euch eure innere Welt, in die ihr eingehen werdet, sobald euer Körper seine Funktionen aufgibt.

In dem Maße, wie ihr euch im Dienen verausgabt, wird euch die Lebenskraft erneuert. Die ganze Kraft, die ihr für das tägliche Leben benötigt, strömt euch von der geistigen Welt zu. Sagte Jesus nicht, man solle sich um den nächsten Tag nicht sorgen, da alles, was man brauche, gegeben werde? „Betrachtet die Lilien auf dem Feld, sie weben nicht, sie spinnen nicht, ich aber sage euch: Auch Salomon in all seiner Pracht war nicht gekleidet wie eine von diesen."

So viel Gedankenverwirrung ist in der Welt und so viel Lärm umgibt euch. Ihr benötigt Hilfe, damit euer Vertrauen und eure Durchhaltekraft gestärkt werden. In der Stille liegt eure Kraft.

*****

Aufbauen — nicht zerstören

Die Gegenwart Christi möge dir zur Realität werden und das lebendige Bild des Lebens Christi in deinem Herzen stets gegenwärtig sein. Weigere dich, überall nur Böses und Zerstörung zu sehen. Erschaffe Schönheit in dir und in deinen Gedanken (in your mind), wie Gott Schönheit in Seinen Gedanken (in His mind) erschuf. Deine Gedanken sollten immer nur positiv sein, denn Gedankenbilder übertragen sich im Laufe der Zeit auf andere Seelen. Außerdem wirst du morgen sein, was du heute denkst. Das Wohl- oder Nicht-Wohlbefinden deines Körpers wird deine guten oder schlechten Gedanken widerspiegeln. Dies ist sowohl ein geistiges wie auch ein wissenschaftliches Gesetz. Wenn du dich nach einer besseren Welt sehnst, dann beginne bei dir selber, jetzt, in diesem Augenblick, diese bessere Welt in deinem Bewußtsein zu erschaffen. Halte positive Gedanken dauernd in dir lebendig. Gestatte gegenteiligen Gedanken nicht, die positiven Gedanken aus deinem Bewußtsein zu verdrängen. Erhöhe deine Schwingung und verstärke deine Sehnsucht nach dem Schöpfer, indem du betest: Verströme Deinen göttlichen Odem über mich .....

Gott hauchte Adam den Lebensodem ein, und Gott haucht auch dir Seinen Odem ein, so du den Gedanken eines vollkommenen Lebens in deinem Herzen und deiner Seele festhältst. Dann wirst du in Wahrheit sagen können, wie es der Meister tat: „Der Vater und ich sind Eins. Ich bin im Vater und der Vater ist in mir." Halte fest an der Verwirklichung dieser Erkenntnis des Lichtes in dir. Lasse das Licht durch dich wirken — lasse es in die Welt hinausstrahlen!

Du, als eigenständiges Wesen, bist von größter Wichtigkeit, denn deine Fähigkeit, Gott vollkommen durch dich wirken zu lassen, kann ungezählte Leben beeinflussen. Jede menschliche Seele ist von größter Bedeutung, denn sie hat latent in sich die Veranlagung, ein Spiegel Gottes zu sein.

Du kannst der Menschheit auf ihrem Weg zur Bruderschaft helfen, indem du Weisheit, angefeuert durch die Liebe im Herzen, suchst; indem du dich von negativer Kritik und Verdammung fernhältst und stets das Göttliche siehst, das darum ringt, sich im Menschen zu verwirklichen.

Sei wachsam und bereit, der Stimme im Herzen zu gehorchen, sei mutig und halte am tiefen Glauben fest, daß das Licht *nie* erlöschen kann. Alles mag zu Ende gehen, doch das Licht — Christus, der Sohn — wird bleiben.

Möge dich Gott in Seiner Liebe segnen und den Odem des Lebens in dein wartendes Herz einströmen lassen .....

*****

Die Geburt des Lichtes

Die bekannte Geschichte von der Geburt Jesu im Stall zu Bethlehem, mit nur Tieren als Gefährten, beschreibt auch in symbolischer Form die Geburt des Lichtes, des Christus-Kindes, im menschlichen Herzen. Durch Sorgen und oftmals durch geistige und materielle Not demütig und bescheiden geworden, wird die Seele gezwungen, in einem einfachen Stall oder einer Höhle Zuflucht zu suchen. In dieser Höhle — im Herzen des Menschen — wird das Christus-Kind geboren. Wenn jegliche Arroganz und alle Furcht überwunden sind und der Mensch sich voll und ganz Gott überläßt, findet in ihm die Geburt des Christus-Kindes statt.

Wenn du die Wehen dieser Geburt spürst, wenn du dich einsam und unbefriedigt fühlst und versucht bist, an der Liebe Gottes zu zweifeln, wenn die schmerzliche Frage dich quält: warum? warum? warum? und diese Frage unbeantwortet bleibt, dann versuche dich daran zu erinnern, daß für alles, was in deinem Leben geschieht, ein guter Grund besteht, und nimm alles, was kommt, mit Geduld und Demut an. Schmerz, Enttäuschung und Einsamkeit helfen dir, den wunderbaren Geist Christi in deinem Herzen zur Geburt und zur vollen Entfaltung zu bringen. Das ist ein Geschehen, das dir weit größeren Segen bringt, als du dir je erträumt hast.

*****

V

DIE UMWANDELNDE KRAFT

Eure irdischen Probleme machen euch unsicher und ängstlich, weil ihr euch nur auf euch selber verlaßt und die unbegrenzte Kraft vergeßt, die euch zur Verfügung stünde. Wir möchten euch ganz einfach den Rat erteilen, aus den Gelegenheiten, die euch das tägliche Leben bietet, das Beste zu machen. Das Übrige könnt ihr sodann ruhig Gott und Seinen Dienern und Boten überlassen, die sowohl dem Einzelnen als auch Gruppen und Nationen behilflich sind. So ihr diesen Rat befolgen und, in Einklang mit dem geistigen Gesetz, das ihr zu verstehen beginnt, richtig denken, reden und handeln würdet, brauchtet ihr die Zukunft nicht zu fürchten. Denn Gott ist Liebe und Weisheit, und aus dem Wirken Seines göttlichen Gesetzes resultiert Gutes aus sogenannt Bösem. Die Saat des Guten wird aufgehen als natürliche Folge des guten Willens, der Anwendung des Gesetzes der Liebe in allen menschlichen Belangen. Tut euer Bestes mit dem Material, das Gott euch gegeben hat und haltet euren Blick stets auf die Vollkommenheit — auf das vollkommene Leben — gerichtet. So bringt ihr das Gesetz von Ursache und Wirkung in Gang, und allmählich wird es Resultate zeitigen. Vielleicht nicht so, wie ihr es euch gewünscht habt, doch wird das Ergebnis besser und vollkommener sein, als ihr es jemals für möglich hieltet.

Die Geheimnisse des Universums liegen im Licht verborgen. Deshalb werden denjenigen, die in erster

Linie das Licht, das Reich Gottes, suchen, die Rätsel der Natur offenbart. Seid unermüdlich in eurer Arbeit, doch verlaßt euch nicht auf die eigene Kraft. Dies würde euch nur einschränken und begrenzen. Für alles, was ihr braucht und für das Freiwerden der Kraft in eurem Inneren, schaut auf zu Gott, dem Großen Weißen Geist. Seid unverzagt und unermüdlich, doch verlaßt euch nicht auf euch allein. Vertraut auf die unendliche Liebe Christi.

*****

Der Quell des Lebens

Inwendig in dir ist das goldene Licht der Sonne, und nur *du* kannst diese Strahlung aus deinem eigenen Inneren freigeben. Versuche zu erkennen, daß in deinem Herzzentrum die gleiche strahlende Sonne leuchtet wie in jenen, um die du dich in deiner Meditation bemühst, und daß diese unendlich große Kraftquelle in deinem eigenen Wesen liegt.

Das Licht Christi durchflutet dich mit Seiner Herrlichkeit und Seinem Leben. Durch deine Hingabe an dieses Licht und an die Persönlichkeit des Erlösers, wirst du dich dem Einstrahlen jener Sonne öffnen, die dein ganzes Wesen durchflutet und das göttliche Feuer in dir entfacht und wieder ausstrahlt.

Ihr könntet wie Könige sein und souverän über alle negativen Einflüsse in eurem Leben gebieten. Doch allzu oft unterliegt ihr negativen Kräften, statt mit eurem eigenen Schlüssel die Kraft des Lichtes, die in euch gespeichert ist, freizusetzen, um jene dunklen

Mächte zu bekämpfen. Doch die einzige Möglichkeit, von diesem Schlüssel Gebrauch machen zu können, ist ein unermüdliches, stetes Üben, damit ihr euch des herrlichen Lichtes, das in euch und um euch ist, bewußt werdet.

Jedesmal, wenn ihr deprimiert seid und das Leben als Last empfindet, durchbrecht die Ketten eurer Gedanken, um die Quelle des Lichtes in eurem Inneren zu finden! Spürt in eurer Brust die Kraft, die sich dort befindet. Die goldene Sonne, die Quelle allen Lebens, Gott, wird euch aufrichten, so ihr IHM nur erlauben wolltet, euch aufrichten zu lassen. Ihr alle legt euch selber in Fesseln und Ketten! Zerreißt sie, diese Ketten irdischer Finsternis, und seht euch so, wie ihr wirklich seid, als Söhne und Töchter der strahlenden Gottheit.

Zu Anbeginn kamen Sonnenmenschen auf die Erde, um der damaligen Menschheit den richtigen Lebensweg zu weisen. Die Strahlkraft aus dem Herzen jener Sonnenmenschen aus der Urzeit war so gewaltig, daß sogar die Gestalt des Menschen unter ihrem Einfluß zu stattlicher Größe wuchs.

Könntet ihr mit eurem inneren Auge die Aura eines Meisters sehen, ihr würdet eine goldene, regenbogenartige Strahlung erblicken, die weit über die kleine, menschliche Gestalt hinausreicht. Jeder von euch ist potentiell ein Sonnenmensch. Auch ihr könnt euren Willen, eure Liebe und eure Gebete einsetzen, um dieses Licht euren Mitmenschen zuzustrahlen. Wie Jesus sagte: „Und wenn ich von der Erde erhöht bin, werde ich alle Menschen zu mir emporziehen." Dies ist der richtige Weg, alles Böse, alle Grausamkeiten, Konflikte und Kriege zu überwinden. Doch ihr müßt ganz sicher sein im Wissen: das Licht der Sonne wird alle Dunkelheit in sich aufnehmen und verzehren!

*****

Wunschlosigkeit

Eine der Lektionen, die alle erlernen müssen, ist die Lektion der Liebe. Persönliche, selbstlose Liebe ist etwas Wunderbares. Sie gestaltet das Leben reizvoll und bringt großes Glück, besonders wenn diese Liebe weitherzig und umfassend ist. Liebe, genau wie auch Macht, sollte im Gleichgewicht, beständig und in gewissem Sinn unpersönlich sein. Du magst denken, unpersönliche Liebe sei kalt, doch dem ist nicht so. Unpersönliche Liebe ist rein und vorurteilslos. Sie ist allumfassend, alleinhüllend, allgütig. Vor allem aber ist unpersönliche Liebe Liebe ohne Schmerz.

Wenn deine Liebe dir Schmerz bereitet, stimmt etwas nicht. So lerne denn ohne Schmerz zu lieben, und du hast die wichtigste Lektion, welche die Liebe lehren kann, erlernt. Ist das hart? Ja, euch auf Erden erscheinen all diese Dinge hart. Doch die reiche Ernte, die das Erlernen der Lektion mitsichbringt, ist den Kampf wert.

„Du sollst den Herrn deinen Gott mit ganzem Herzen, ganzer Seele und mit ganzem Gemüt lieben — und deinen Nächsten wie dich selbst. An diesen beiden Geboten hängt das ganze Gesetz." Liebe deinen Nächsten, liebe deinen Gott. Alle selbstsüchtigen Wünsche, jegliches Verlangen zu besitzen und am Besitz festzuhalten, müssen schwinden. Sei bereit, alles zu verlieren, alles zu geben. Das will nicht heißen, all dies werde notwendigerweise gefordert, doch das Verlangen nach Besitz sollte überwunden werden. Konzentriere vielmehr deine ganze Liebe auf Christus, und du wirst dir Seiner Kraft, Seiner Strahlung und Seines Friedens mehr und mehr bewußt. Doch um in Sein großes Licht zu gelangen, um Anteil daran zu haben, wirst du alle lebendige Kreatur, alles was lebt und webt, in deine Liebe miteinbeziehen. In Ihm gibt es keine Trennung, doch findet jedes lebendige Wesen durch Ihn Befreiung.

Bemühe dich auch, der Liebe deines Meisters würdiger zu werden. Äußere Umstände spielen keine Rolle. Sei menschlich, sei glücklich, sei bereit, dich über alle Schönheiten des irdischen Lebens zu freuen. Mache richtigen Gebrauch von allen Gaben Gottes, aber mißbrauche sie nicht. Schädige dich nicht selber durch Mißbrauch. Vor allem — behüte das innere Heiligtum deiner Seele. Denke jeden Morgen beim Aufstehen daran, daß durch Gottes Gesetze die Geschehnisse des Tages für dich vorbereitet sind. Wichtig ist allein, wie du persönlich auf die Ereignisse, die der Alltag dir bringt, reagierst.

Sei innerlich ganz still und fühle Gottes Gegenwart.

*****

Die Essenz göttlicher Liebe

Keine Macht ist größer als das Christuslicht. Kontrolle über seine grobstofflichen und feinstofflichen Atome erreicht man nicht kraft des menschlichen, irdischen Verstandes, sondern durch die Kraft des bescheidenen, sanften Christus im Herzen.

Was auch immer euch bedrückt, kann nur durch die Christusliebe, das einzig wahre Heilmittel für alle Probleme, überwunden werden. Die lebendige Macht des Christusgeistes kann nie zerstört werden. Der Leib des Menschen mag sterben, der Mensch mag enttäuscht werden und seine Welt untergehen, doch der Geist des Gottessohnes wird nie vergehen. Sein Licht ist Leben. Lebe für immer in diesem Licht!

Wir verstehen nur allzugut, wie leicht körperliche oder psychische Müdigkeit von dir Besitz ergreifen können, denn wir haben unsere irdischen Erfahrungen nicht vergessen. Wir kennen die Schwere der Materie, die Bürden der Welt und wissen, wie sie dich niederdrücken. Dennoch haben Heilige und Weise ihre Körper derart verfeinert und deren Schwingung so stark erhöht, daß sie sowohl im irdischen als auch im ätherischen Zustand leben und sich bewegen können. Ein solcher Evolutionsprozeß findet in der gesamten Materie statt. Alle Menschen entwickeln sich weiter auf dem Weg zurück zu VATER—MUTTER—GOTT. Im Verlaufe dieser Entwicklung befreien sie sich von den dichteren Atomen und derberen Gelüsten des niederen Selbst. In dem Grade wie dies geschieht, wird auch die Schwingung des gesamten Planeten erhöht und die Substanz von Mutter Erde verfeinert.

Wenn du über die Gegenwart Christi meditierst, wirst du die Essenz Seines Wesens in dich aufnehmen, jene feine Strahlung, die deine eigene Körperschwingung erhöht und alle Müdigkeit und Schwere von dir nimmt. Du wirst Müdigkeit nicht mehr kennen, sobald du den Saum Seiner Aura berührst. Wir können nicht *mehr* tun, als dir von diesen Dingen zu erzählen — erleben mußt du sie selber.

Erinnerst du dich an die wunderbaren Heilungen, die sich zutrugen, als sich die Menge um den Meister drängte? In Seiner Nähe zu sein, Seine Aura zu berühren, genügte, um die Kranken, die Heilung suchten, neu zu beleben.

Immer wieder möchten wir euch sagen, die eine Wahrheit, die eine Macht, auf welche die Welt wartet, ist die Macht des reinen und heiligen Christusgeistes. Für euch sieht es aus, als läge die Welt in totalem Chaos. Doch wir versichern euch, aus Chaos und Leid wird ein besseres gegenseitiges Verstehen erwachsen. Wir wollten, wir fänden Worte, um euch von dieser Wahrheit zu überzeugen. Doch da man mit Worten allein oft nicht überzeugen kann, bemühen wir uns, euch die konzentrierte Kraft, die Essenz göttlicher Liebe, zu bringen.

Die Arbeit für die Große Weiße Bruderschaft erfordert Liebe, niemals Zwang irgendwelcher Art. Kein Mensch sollte versuchen, seine persönliche Meinung einem anderen aufzudrängen. Den anderen zu lieben ist der einzige Weg ihn zu gewinnen.

*****

In der Liebe gibt es keine Trennung

Stelle dir vor, du seiest inmitten jenes Lichtes, welches das Herz, der Ursprung der Schöpfung ist und sich als Liebe offenbart. In einem solchen Bewußtseinszustand gibt es keine Trennung zwischen Liebenden im Diesseits und im Jenseits, denn es gibt keinen Tod! Die Seele kann nicht sterben.

Auf der Erde, mit ihren vielen Zerstreuungen, läufst du Gefahr, von der göttlichen Kraft abgeschnitten zu werden. Doch du stehst im materiellen Leben, um geistige Kräfte zu erringen, zu keinem anderen Zweck. Du bist hier, geistiges, göttliches Bewußtsein zu erlangen und um dein irdisches Bewußtsein von den Irrtümern, der Unwissenheit und dem Nebel des materiellen Lebens zu befreien. Die materielle Welt, mit all ihren Härten und ihrer Habgier, bringt der Seele Traurigkeit, Angst und Krankheit. Doch wenn du dich von den Sorgen und Banalitäten des äußeren Lebens loslösen kannst, bist du glücklich und im Frieden.

Würdest du dir doch täglich der Wirklichkeit der unsichtbaren Welt und der Gegenwart der unsichtbaren Wesen mehr und mehr bewußt! Wir möchten die Wahrheit des Wortes "im Geiste gibt es keine Trennung" betonen und dich wissen lassen, was unter dem Wort "Geist" zu verstehen ist. Der Geist ist das Gottesbewußtsein im Menschen. In dir liegt die wunderbare Liebe Gottes, und wenn du in der Einfachheit deines Herzens liebst, wirst du gottbewußt, wird dir die geistige Einheit allen Seins bewußt. Sobald du wahrhaft liebst, bist du in Kontakt mit dem Unendlichen, und weil du in Kontakt bist mit dem Unendlichen, bist du dir der allumfassenden Liebe bewußt, und somit besteht keine Trennung mehr zwischen dieser Welt und der nächsten.

Alle Macht ist dein, wenn du Eins-Sein erreicht hast. Dann kannst du wahrlich sagen, wie der Meister aller Meister sagte: „Ich und der VATER sind EINS."

Der Odem Gottes

Atme ein den göttlichen Odem des Lebens, atme aus den Segen der Liebe. Übe diesen Rhythmus des heiligen Atmens, dieses Ein- und Ausatmen der Lebenskraft des Schöpfers. Laß Seinen Odem durch dein ganzes Wesen fließen, harmonisierend, reinigend, regulierend und dein Leben veredelnd. Dein Vater im Himmel kennt deine Gedanken und Gebete, deine Stärken und Schwächen. Er hat nur e i n e n Wunsch für dich — du mögest Seine Liebe erkennen. Er will nicht, daß du unglücklich bist und leidest. Er möchte, daß du im Frieden lebst und Ihn und Seine Macht begreifst.

Stelle dir Gott nicht als eine kosmische Kraft ohne Intelligenz, ohne Liebe, ohne Persönlichkeit vor. Gott nimmt noch immer Gestalt an und weilt unter euch. Du brauchst nur nach Ihm Ausschau zu halten. Er zeigt sich dir in mancherlei Gestalt. Suche und du wirst finden. Er kommt zu dir als ein Erleuchteter, ein älterer Bruder oder in der Gestalt Christi. Er hat dich, den Menschen, nach Seinem Ebenbild erschaffen und mit unzähligen Möglichkeiten ausgerüstet. Sei vollkommen, wie dein Vater im Himmel vollkommen ist.

Sage dir jeden Morgen beim Aufwachen: Ich bin vollkommen, denn der Vater hat mich vollkommen erschaffen. Ich bin göttliche Liebe. Ich bin göttlicher Friede.

Wenn du des Abends zu Bett gehst, lasse deine letzten Gedanken solche des Lobens und Dankens sein und stelle dir vor, wie du den Grenzfluß überquerst, um in das Land des Lichtes zu gelangen. Möge der göttliche Wille in dir dich leiten, sowohl im Schlaf als auch im Wachsein. Denke nicht ständig an jene, die dir unrecht getan und dich verletzt haben, noch bleibe an all den Häßlichkeiten des irdischen Planes hängen. Richte deine Gedanken beim Einschlafen lieber auf das Positive, das Gute, das Wahre und Schöne. Atme ein den Odem Gottes! Atme aus den Segen der Liebe und der Heilkraft über die Erde. Du, ein Kind Gottes, bist heil, bist heilig, und so wie du denkst, so wirst du sein.

Laß allen Ärger, alle Ängste und Disharmonien fallen und lebe fröhlich und gelassen in der Harmonie Gottes.

*****

Die Auferstehung und das Leben

Der Meister, Jesus Christus, wußte um des Menschen Schwäche und um die Arroganz des menschlichen Intellektes, der die Macht besitzt, ihn von seinem wahren Erbe zu trennen.

Wäret ihr imstande, euch des innewohnenden göttlichen Lebens und eurer geistigen Kraft ununterbrochen bewußt zu sein, ihr könntet euch augenblicklich von allen Unzulänglichkeiten und Behinderungen befreien. Wir wissen, wie sehr euer physischer Körper euch in Bann hält, wie sehr der irdische Verstand euch dominiert. Trotzdem sagen wir immer wieder: „Suchet zuerst das Reich Gottes, und alles andere wird euch hinzugegeben." Durch Gebet, innige Andacht und Verehrung könnt ihr euch über die Begrenzung und Herrschaft des irdischen Verstandes erheben. Verharrt in Meditation bei den Erleuchteten, den Unsichtbaren der Großen Weißen Bruderschaft, denn sie sind es, die durch die große Prüfung gegangen sind und deren Gewänder nun weißer sind als der Schnee. Es sind jene, die von allen Unreinheiten befreit sind, die das Irdische überwunden haben.

Wie schwierig euer Pfad auch zu sein scheint, versucht trotzdem täglich in der Stille in Gottes Nähe zu gelangen. Verschließt eure irdischen Sinne und schwingt euch in eurer Vorstellung in die Christus-Sphäre empor, in die Sphäre von Licht und Macht. Erkennt, daß dieses Licht und diese Macht euer wahres Leben ist. Diese neu-belebenden, schöpferischen Kräfte können dauernd durch euch fließen, und alle Leiden des Körpers werden von euch weichen! Auf diese Weise könnt ihr einen Höhepunkt des Eins-Seins, der Vollkommenheit und der Heiligkeit erreichen. Mag sein, daß sich die Krankheiten später wieder bemerkbar machen. Seid deshalb nicht entmutigt. Je häufiger ihr einen solchen Höhepunkt erreicht, desto sicherer und rascher wird jede Krankheit geheilt.

Als Jesus sagte: „Ich bin die Auferstehung und das Leben", meinte er nicht, nur in *ihm* seien Auferstehung und Leben, sondern in jedem Menschen. Die Vollkommenheit, die göttliche Lebenskraft, ist latent in jedem vorhanden. Sie strahlt auch von der großen Schar der Himmlischen in jedes Menschenherz. Auch du kannst lernen, mit der ganzen Kraft deines Geistes zu sagen: Ich bin die Auferstehung und das Leben. Dann regt sich jene Lebenskraft in dir, steigt auf und dein Geist erstrahlt wie ein Juwel.

ICH BIN DER WEG. ICH BIN DIE WAHRHEIT. ICH BIN DAS LEBEN.

Als Jesus diese Worte sprach, war es nicht sein menschliches, persönliches Selbst, das sich kundtat,

— es war der Christus-in-Ihm, der jene Wahrheitsworte sagte.

Wir kommen, um euch zu helfen, euch über die Enttäuschung, Ängste und Armseligkeiten des Lebens zu erheben. Der Weg des Aufstiegs ist klar und deutlich. Er ist Gebet, Verehrung, Liebe. Das Zentrum der goldenen Sonne Gottes ist die Quelle eurer geistigen Kraft.

*****

VI

TRIUMPH DER LIEBE

Es ist für uns alle wichtig, das Vorhandensein eines Gesetzes anzuerkennen, das in jedem Menschenleben für vollkommene Gerechtigkeit sorgt, für Gleichgewicht zwischen Schmerz und Freude. Eine Seele, die scheinbar eine Ungerechtigkeit erleidet, lernt, je nachdem wie sie auf die Ungerechtigkeit reagiert, lebenswichtige Wahrheiten zu erkennen. Angemessene Freude folgt auf jedes Leid, das tapfer erduldet worden ist. Erleidest du scheinbar einen Verlust, dann denke daran, Gott nimmt nie ohne zu geben. Du wirst antworten wollen, „Gott kann mir niemals den geliebten Menschen zurückgeben, den der Tod mir entrissen hat." Mein Freund, Gott bietet dir bereits eine Gabe an, die sich vielleicht für euch beide letztendlich als viel wertvoller erweist. Um diese Gabe zu erhalten, mußt du zuvor deinen Willen dem Seinen unterordnen und erkennen, welche göttliche Gerechtigkeit hinter allen Geschehnissen im Leben des Menschen steht. Dir wird Gelegenheit geboten, dein Herz der warmen, strahlenden Liebe Gottes zu öffnen. Vielleicht wird dir der Schmerz über deinen Verlust helfen, endlich zu Gott zu finden.

Geliebte Seele, strecke deine Hand aus, um die Hand Gottes zu ergreifen ..... Fürchte dich nicht ..... Er wird dich Stufe um Stufe hinanführen. Versuche, immer Gottes Wege zu gehen, und du wirst all deine Prüfungen und Einweihungen bestehen.

Der Friede Gottes segne dich! Vergiß nie — du bist nicht allein! Seelengefährten aus alten Zeiten gehen an deiner Seite. Du bist tatsächlich von einer Schar unsichtbarer, strahlender Brüder und Schwestern umgeben. In der Liebe gibt es keine Trennung. Nur mit Gott kannst du dich eines erfüllten Lebens und höchsten Glückes erfreuen, eines Glückes jenseits allen irdischen Verstehens.

*****

Die große Einweihung

Der Christusgeist erleuchtet und segnet dich, er triumphiert mit dir über die Finsternis und Not des irdischen Lebens.

Jesu Kreuzigung ist eine Erfahrung, die jede Menschenseele auf ihrem Entwicklungsweg erdulden muß, eine Erfahrung, die du in deinem innersten Wesen vielleicht gerade jetzt machen mußt, denn die Kreuzigung kann auf manche Weise geschehen.

Möge es dir ein Trost sein zu wissen, daß jeder Mensch, der eine Erfahrung macht, die man als Kreuzigung bezeichnen kann und die Schmerz oder Seelenqual beinhaltet, nicht nur an Weisheit zunimmt und Wahrheit erkennt, sondern zudem etwas sehr Wertvolles für die gesamte Menschheit bewirkt. Jeder, der eine solche Prüfung mit derselben Ruhe, Gelassenheit und Entschlossenheit besteht, wie Jesus es tat, erhöht die Schwingung der ganzen Erde.

Alles, was der Meister während seiner Kreuzigung erlitt, erduldete er im Geiste vollkommener Liebe. Darin liegt die eigentliche, spirituelle Bedeutung der

"Erd-Einweihung" oder Kreuzigung. Jesus fühlte für seinen Verräter Judas nur Liebe.

Wir alle haben einen Teil Judasnatur in uns. Diese verrät und verleugnet gelegentlich den Herrn — den in uns wohnenden Christusgeist. Doch es gibt noch eine andere Auslegung der Judasgeschichte. Wenn zwischen zwei Seelen eine karmische Bindung besteht, sollte der, dem böse mitgespielt worden ist, dem Übeltäter vergeben. Doch nur allzuoft wird Vergeltung geübt, und die Schuld wird zwischen den Partnern, vielleicht über viele Leben hinweg, zum Leidwesen beider wie ein Spielball hin und her geworfen. Jesus aber vergab Judas und erlöste ihn so von seiner karmischen Schuld.

Im Garten von Gethsemane heilte Jesus auch den Knecht, der durch das Schwert des Petrus verwundet wurde. Das gesamte Geschehen der Kreuzigung, Episode für Episode, demonstriert nicht nur die große Liebe des Meisters, sondern auch, wie wichtig es für die Seele ist, die eine Einweihung durchzustehen hat, alle Prüfungen, Härten und Leiden ohne Zorn und Verbitterung, im Geiste wahrer, vollkommener Liebe zu ertragen. Das ist die Klippe, an der so viele in ihrer Einstellung zu den Schwierigkeiten des täglichen Lebens straucheln. Das stolze niedere Selbst grollt, wenn es sich dem Willen des Vaters beugen soll. Doch solange es grollt, wird es leiden. Erst wenn sich dein Herz beugt vor Gottes weisem Plan, dann gibt es kein Leiden mehr. Dann erlebst du wahren Fortschritt und bist von einem Frieden erfüllt, den die Welt nicht zu geben vermag.

Die Kreuzigung der Seele bedeutet in Wahrheit die

Unterwerfung des niederen Selbst. Wenn alles Gott überlassen wird, begibt sich die Seele, die versucht, geprüft und für gut befunden wurde, auf den Pfad zur Meisterschaft.

*****

Die Rose am Kreuz

Lieber Bruder, liebe Schwester, versuche, wenn du diese Worte liest, dir eine Rose von vollendeter Form vorzustellen. Sie öffnet ihre zarten rosa Blütenblätter den Strahlen der geistigen Sonne. Versuche, mit dieser Rose in Einklang zu kommen ..... atme ihren Duft ein und nimm die Zartheit ihrer Aura und ihres Lebensstromes in dich auf ..... Sie wird dich weit über das Irdische hinausheben, in eine Welt des Friedens, der Stille, der Liebe und der Wahrheit .....

Diese Rose ist das Symbol des vollkommenen Lebens, des Christusgeistes, rein und schön, unberührt von allem Irdischen. Wir kennen kein Symbol, das so eindrücklich wäre, um dem Menschen die Liebe des Christusgeistes nahezubringen, auch keines, das die kosmische Wahrheit des Ostergeschehens so vollendet aufzeigt. Ostern ist eine Zeit selbstloser Hingabe an den Christusgeist.

„Möge die Rose an deinem Kreuz erblühen", war in früheren Jahrhunderten der Segenswunsch, der dem Kandidaten auf den Pfad der Höherentwicklung mitgegeben wurde. In andere Worte gefaßt heißt dies, der Schüler möge durch beharrliches Streben nach dem Licht, sein schweres irdisches Kreuz, sein niederes Selbst, in die duftende Rose des höheren geistigen Lebens umwandeln. Eine solche Umwandlung ist innerhalb der Weißen Bruderschaft als "Erd-Einweihung" bekannt, wenn die Seele, welche die Herrlichkeit des Vaters geschaut hat, fähig ist, diese auf Erden zu verwirklichen. Dies theoretisch zu wissen ist einfach, die Theorie jedoch in die Praxis umzusetzen ist viel schwieriger. Die Erd-Einweihung zu bestehen heißt, den Christusgeist im täglichen Leben zu verwirklichen.

Die Seele erreicht diesen Einweihungsgrad, wenn sie alle Ansprüche und Wünsche an das irdische Leben überwunden hat und, durch eine Willensanstrengung, direkt zum Herzen Christi vordringen kann. Glaubst du, dies liege außerhalb deiner Kräfte? Wir sagen dir, dem ist nicht so. Du magst heute noch nicht bereit sein, dich der Erd-Einweihung zu unterziehen, doch jedesmal, wenn du deinen eigenen Willen dem göttlichen Willen unterordnest oder einen dir teuren Wunsch aufgibst, kommst du ihr näher. Jedesmal, wenn du dein ganzes Wesen mit der Liebe Christi erfüllst und diese Nächstenliebe auch wirklich lebst, erwirbst du dir bis zu einem gewissen Grad Meisterschaft über den Erdenleib.

Das Leben Jesu zeigt, wie der sterbliche Mensch durch den innewohnenden Christusgeist "verherrlicht" werden kann. Der Mensch ist hier auf Erden, damit der Christus ihn "verherrliche" und durch ihn die ganze Erde, das heißt, die Schwingung der irdischen Materie so erhöhe, bis der gesamte Planet vergeistigt ist.

Deshalb denke nicht an den Gekreuzigten, sondern an den Auferstandenen, der mit ausgebreiteten Armen inmitten der herrlich strahlenden Sonne steht. Er kommt als Verheißung für das, was der Seele des Menschen bevorsteht, als eine Verheißung, daß auch du zur vollen Größe des Menschen — zur geistigen Größe Christi heranreifen wirst.

Gebrauche deine Vorstellungskraft, dein inneres Auge und blicke, wenn du kannst, auf Sein wunderbar sanftes, verstehendes, liebendes und freundliches Antlitz. Seine Aura umhüllt dich. Die stets bereiten Arme dieses alles durchdringenden Geistes der Liebe stützen dich. Nichts kann dich verletzen. Was immer vor dir liegt — es ist gut.

ER bringt die Symbole des Abendmahls — Ähren und Trauben.

ER reicht dir das Brot des Lebens.

„Nimm und iß Mein Brot, das Brot, das vom Himmel kommt ..... Nimm an, und iß das Brot des Lebens ..... Nimm dein tägliches Karma an, denn es ist das Brot, das deine Seele nährt."

ER reicht dir den Saft der Traube, die Essenz Seines Geistes, die Essenz göttlicher Liebe. Trinke aus dem Kelch, damit dein Herz mit Liebe erfüllt werde. Liebe ist die Erfüllung des Gesetzes und durch die Liebe wird der Mensch h e i l .

*****

WHITE EAGLE BÜCHER

WER IST WHITE EAGLE (von Walter Ohr)
48 Seiten, DM 10.-, 4. Auflage

IN DER STILLE LIEGT DIE KRAFT (The quiet mind)
Auslese der markantesten Worte von White Eagle
55 Seiten, DM 12.-, 11. Auflage

WUNDER DES LICHTES (Morninglight)
Über das Woher, Wohin und Warum des Menschen
64 Seiten, DM 12.-, 6. Auflage

DAS LEBEN JENSEITS DER TODESPFORTE (Sunrise)
Ein Buch, das Trost spendet und wahres Wissen vermittelt
64 Seiten, DM 12.-, 8. Auflage

GEBETE IM NEUEN ZEITALTER (Prayer in the new age)
Gebete und Invokationen
96 Seiten, DM 14.-, 4. Auflage

WEISHEIT VON WHITE EAGLE (Wisdom from White Eagle)
Vermittelt das Weltbild des neuen Zeitalters und erklärt das geistige Gesetz und seine Auswirkungen
96 Seiten, DM 14.-, 6. Auflage

UNSER GEISTIGER BRUDER SPRICHT (The gentle Brother)
Geistige Ratschläge für den Alltag
80 Seiten, DM 14.-, 2. Auflage

NATURGEISTER UND ENGEL (Spirtual Unfoldment II)
Das verborgene Leben der Naturgeister und Engelwesen
84 Seiten, DM 14.-, 6. Auflage

DIE GOLDENE ERNTE DER LIEBE (Golden Harvest)
Der Weg der geistigen Erfüllung
64 Seiten, DM 14.-, 4. Auflage

DIE VIER GROSSEN EINWEIHUNGEN (The Path of the Soul)
Wege zu einer inneren Wirklichkeit
88 Seiten, DM 14.-, 3. Auflage

DER WEG ZUM HÖHEREN SELBST (Spiritual Unfoldment III)
Ein Wegweiser zu den inneren Mysterien
96 Seiten, DM 16.-, 1. Auflage

MEDITATION (Meditation)
Theorie und Praxis der White Eagle-Meditation
120 Seiten, DM 18.-, 6. Auflage

DER GEISTIGE PFAD (Spiritual Unfoldment I)
Geistige Entwicklung und Entfaltung der Seelenkräfte des Menschen
128 Seiten, DM 18.-, 6. Auflage

DIE STILLE DES HERZENS (The Still Voice)
Ein Buch für stille Stunden
112 Seiten, DM 18.-, 4. Auflage

WARUM? (Joan Hodgson)
Ein White Eagle Buch über den Sinn des Erdenlebens
136 Seiten, DM 18.-, 5. Auflage

MIT WHITE EAGLE DURCH DAS JAHR
Auslese der markantesten Worte von White Eagle
128 Seiten, DM 19.80, 2. Auflage

GEISTIGE JAHRESZEITEN (The Way of the Sun)
Die spirituelle Bedeutung der Jahreszeiten
120 Seiten, DM 19.80, 2. Auflage

LICHTWEGE
112 Seiten, DM 19,80, 1. Auflage

DAS JESUS BUCH
152 Seiten, DM 19,80, 1. Auflage

DAS GROSSE WHITE EAGLE HEILUNGSBUCH
(The White Eagle Lodge Book of Health and Healing)
176 Seiten, DM 32.-, 6. Auflage

DIE WHITE EAGLE HEILUNGSPRAXIS
Das große White Eagle Heilungsbuch Bd. 2
312 Seiten, DM 38.-, 2. Auflage

DAS GROSSE ASTROLOGIE BUCH
240 Seiten, DM 38.-, 2. Auflage

DIE VERBORGENE WEISHEIT DES
JOHANNES EVANGELIUMS
240 Seiten, DM 38.-, 3. Auflage

WHITE EAGLE
Unser geistiger Bruder spricht

Vielen Menschen, die nach einem erweiterten Weltbild Ausschau gehalten haben, sind inzwischen die Grundlinien dieser umfassenderen Erkenntnis vom Universum und der Rolle des Menschen in ihm vertraut. Doch handelt es sich vielfach immer noch um ein nur theoretisches Wissen, dem es an praktischer Umsetzung mangelt. Dazu trägt die Kopflastigkeit in puncto Theorie bei, die leider auch in vielen 'esoterischen' Büchern zu finden ist.

WHITE EAGLE geht deshalb in diesem neuen Band besonders auf den Alltag ein. Mit seiner wunderbar gütigen Weisheit greift er die Probleme auf, die jedem begegnen, der einmal mit seinem Nachbarn, Kollegen oder Verwandten über ein Leben vor dem Leben, ein Leben nach dem Tod oder die Existenz von Engeln zu reden versuchte. Wie kann man die doch so beglückenden neuen geistigen Erkenntnisse, die man sich erworben hat, an seine Mitmenschen weitergeben?

Wie verhält man sich, wenn man wegen seines Glaubens an die Wirklichkeit von Schutzengeln oder der Überzeugung vom Mitwirken der Elfen und Zwerge im Garten verspottet wird?

Wie plant man seine Meditationszeit in den vom Stress gekennzeichneten Tagesablauf ein?

Keine dieser Fragen ist den »älteren Brüdern« der Menschen fremd. Sie wissen um die Schwierigkeiten auf dem PFAD und sie setzen all ihre Kraft ein, um uns mit Inspiration und neuer Energie zu beschenken, die uns hilft, jene Probleme zu meistern, die sich vor wenigen Inkarnationen noch vor ihnen auftürmten.